Vente du Vendredi 26 Février 1869

A DEUX HEURES PRÉCISES

AQUARELLES

ET

DESSINS MODERNES

EXPOSITION PUBLIQUE

LE JEUDI 25 FÉVRIER 1869

Me BOUSSATON
COMMISSAIRE-PRISEUR
rue Le Peletier, 7

M. Francis PETIT
EXPERT
rue St-Georges, 7

PARIS — 1869

RENOU ET MAULDE

IMPRIMEURS DE LA COMPAGNIE DES COMMISSAIRES-PRISEURS

Rue de Rivoli, 144

CATALOGUE

DES

AQUARELLES

ET

DESSINS MODERNES

DONT LA VENTE AURA LIEU

HOTEL DROUOT

SALLE N° 5

Le Vendredi 26 Février 1869

A DEUX HEURES PRÉCISES

Par le ministère de Me **BOUSSATON**, Commissaire-Priseur,
rue Le Peletier, 7,

Assisté de M. **FRANCIS PETIT**, Expert, rue Saint-Georges, 7.

EXPOSITION PUBLIQUE

Le Jeudi 25 Février 1869, de une heure à cinq heures

PARIS
RENOU & MAULDE
IMPRIMEURS DE LA COMPAGNIE DES COMMISSAIRES-PRISEURS
Rue de Rivoli, 144

1869

CONDITIONS DE LA VENTE

Elle sera faite au comptant.

Les Adjudicataires paieront CINQ POUR CENT, en sus des enchères, applicables aux frais de vente.

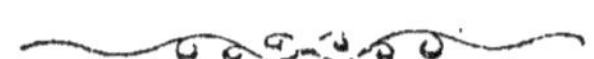

Total 9,300f.

DÉSIGNATION

ANDRIEUX

1 — Une longue Étape.

Aquarelle.

BEAUMONT (Edouard de)

2 — Un Jour de Fête.

Aquarelle.

BELLANGÉ (Hipolyte)

140. 3 — Le Troupier aux Champs.

Aquarelle.

4 — Chasseur à cheval.

Plume.

5 — Tambours-Majors, étude.

Dessin.

6 — Croquis militaires.

Plume.

BERJON

7 — Femme vue de dos. Costume du Directoire.

Lavis.

BOILLY

8 — Scène de Famille.

Sépia.

ROSA BONHEUR

685. C'était la sépia que j'ai vendue à Petit pr 1000f.

9 — Cheval de Fermier arrêté à une auberge.

Sépia rehaussée.

BONINGTON

10 — Paysage. Effet de soleil couchant.

Aquarelle.

11 — Dame et Cavalier. (Croquis.)

Sépia.

BOYS

12 — L'Église de Malines.

Aquarelle.

BREST

13 — Une Rue de Constantinople.

Dessin à la plume.

BROUN

14 — Cour d'une caserne de cavalerie en Angleterre.

Aquarelle.

CALAME

15 — Les Pyramides.

Aquarelle.

CHARLET

16 — La Partie discutée. Intérieur de cabaret.

Sépia.

CICERI (Eugène)

17 — Vue prise à Abbeville.

Aquarelle.

CICERI (Ernest)

18 — Vue de Rome et vue de Suisse.

Deux médaillons dans le même cadre.

Gouache.

CLAYS (P.-J.)

19 — Calme avant la pluie.

Aquarelle.

COUTURIER

20 — Poules et Canards.

Dessin rehaussé.

DECAMPS

21 — La Fuite.

Dessin.

22 — Entrée de Ferme.

Aquarelle.

23 — Arabes en embuscade.

Dessin rehaussé d'huile.

DECAMPS

24 — Intérieur d'une grotte.

Dessin rehaussé.

DELACROIX (Eug.)

25 — Turc descendu de cheval.

Aquarelle.

26 — Le Simoun au désert.

Aquarelle.

— Le Tasse dans la prison des fous.

Croquis au lavis.

28 — La Captivité de Babylone. (Pendentif de la Chambre des Députés.)

Dessin.

29 — Étude de chat.

Sépia.

30 — Tigre couché.

Dessin.

31 — Deux Études de chat.

Dessin.

32 — Fragment, d'après Rubens.

Plume rehaussée.

DEVERIA (Eug.)

33 — Le Retour imprévu.

Aquarelle.

34 — Page et grande Dame.

Aquarelle.

DUFTON

35 — Marine : plage bordée de rochers.

Aquarelle.

FIELDING

36 — Un Héron.

Sépia.

FLANDRIN (Hippolyte)

37 — L'Industrie et l'Agriculture.

Dessins des médaillons exécutés au Conservatoire des Arts-et-Métiers.

Sanguine.

FRAGONARD (Th.)

38 — Don Juan et la statue du Commandeur.

Aquarelle.

FRAGONARD (Th.)

39 — La Visite au vieux manoir.

Aquarelle.

GÉROME

40 — Figure d'Arabe.

Sanguine.

GIRARDON

41 — Côtes de Provence.

Aquarelle.

GRANET

42 — Intérieur d'un cloître avec figures.

Aquarelle.

GROUX (Charles de)

43 — L'Hospitalité.

Aquarelle.

HEILBUTH (F.)

44 — Au Printemps.

Aquarelle.

44 bis. — La Lisière du parc.

Aquarelle.

HERVIER

45 — Paysage.

Aquarelle.

INGRES

46 — Le Songe d'Ossian.

Dessin rehaussé.

47 — Raphaël et la Fornarina.

Dessin.

48 — Henri IV et l'Ambassade d'Espagne.

Dessin.

49 — Les Arts. Projet de médaille.

Dessin.

50 — Achille Murat. (Portrait fait d'après nature, à Naples, en 1814.)

Dessin.

INGRES

51 — Lucien Murat. (Portrait fait d'après nature, à Naples, en 1814.)

Dessin.

52 — Groupe de Figures. Fragment du Miracle de la Messe de Bolsena, d'après Raphaël.

Dessin.

JACQUE

53 — Brebis et Agneau.

Dessin rehaussé.

54 — Paysanne faisant boire deux vaches.

Dessin rehaussé.

55 — Le Déjeûner des cochons.

Dessin.

JOHANNOT (Alfred)

56 — Le Méssage.

Aquarelle.

57 — Faublas et la Marquise de B. La toilette.

Aquarelle.

58 — Faublas et la Marquise de B. La Convalescence.

Aquarelle.

JUHEL

59 — Fantaisie diabolique.

Aquarelle.

60 — Après l'Enterrement.

Aquarelle.

JUNG

61 — Bataille d'Aversted.

Aquarelle.

62 — Combat en Algérie.

Aquarelle.

LAFON

63 — Femme de la campagne de Rome.

Aquarelle.

64 — Femme de Procida.

Aquarelle.

MARILHAT

65 — Plage d'Orient.

Aquarelle.

MEISSONIER

66 — Jeune Femme travaillant.

Sanguine.

67 — Figure d'Apôtre.

Dessin rehaussé.

MELBIE

68 — Marine.

Fusain.

MILLET (F.)

69 — Intérieur d'un vannier.

Dessin.

MOZIN

70 — Voyageurs par un temps d'orage.

Aquarelle.

NOEL (J.)

71 — Vue de Saint-Malo.

Aquarelle.

OUVRIÉ (Justin)

72 — Vue de Suisse.

Aquarelle.

PALIZZI

73 — Chèvres dans la montagne.

Aquarelle.

PAPETY

74 — L'Adoration au Saint-Sépulcre.

Aquarelle importante.

PILS

75 — Yamina n'aït sait de Taguemound (Kabylie).

Aquarelle.

76 — La Toilette des Turcos.

Aquarelle.

77 — Étude de Troupier.

Aquarelle.

78 — Autre Étude de Troupier.

Aquarelle.

PRUD'HON

79 — Portrait d'un Académicien.

Dessin rehaussé.

RAFFET

80 — Masina, colonel des lanciers garibaldiens.

Aquarelle.

ROQUEPLAN

81 — Composition allégorique.

Dessin rehaussé.

82 — Le Lai du Seigneur.

Aquarelle.

83 — Un Garde-Française.

Dessin rehaussé.

ROUSSEAU (Th.)

84 — Bords de Rivière.

Aquarelle.

SCHEFFER (Ary)

85 — Un Croisé.

Aquarelle.

TESSON

86 — Marché à Rouen.

Aquarelle.

VERNET (Horace)

87 — Hussard à cheval, en tirailleur.

Sépia.

VERVEER (S.-L.)

88 — La Rue des Juifs, à Francfort.

Fusain.

VILLERET

89 — Une Ville d'Allemagne.

Aquarelle.

90 — L'Église Saint-Étienne-du-Mont.

Aquarelle.

VOILLEMOT

91 — La Déclaration.

Dessin.

Renou et Maulde, Imprimeurs de la Compagnie des Commissaires-Priseurs, rue de Rivoli, 144. 22264

www.ingramcontent.com/pod-product-compliance
Lightning Source LLC
LaVergne TN
LVHW010019230826
846092LV00002B/892